Ľubomír Hyben

Das Minnemotiv im lyrischen Werk Konrads von Würzburg

GRIN Verlag

Bibliografische Information der Deutschen Nationalbibliothek:

Die Deutsche Bibliothek verzeichnet diese Publikation in der Deutschen National-
bibliografie; detaillierte bibliografische Daten sind im Internet über http://dnb.d-
nb.de/ abrufbar.

Impressum:

Copyright © 2014 GRIN Verlag GmbH
Druck und Bindung: Books on Demand GmbH, Norderstedt Germany
ISBN: 978-3-656-95598-6

Dieses Buch bei GRIN:

http://www.grin.com/de/e-book/299175/das-minnemotiv-im-lyrischen-werk-konrads-
von-wuerzburg

GRIN - Your knowledge has value

Der GRIN Verlag publiziert seit 1998 wissenschaftliche Arbeiten von Studenten, Hochschullehrern und anderen Akademikern als eBook und gedrucktes Buch. Die Verlagswebsite www.grin.com ist die ideale Plattform zur Veröffentlichung von Hausarbeiten, Abschlussarbeiten, wissenschaftlichen Aufsätzen, Dissertationen und Fachbüchern.

Besuchen Sie uns im Internet:

http://www.grin.com/

http://www.facebook.com/grincom

http://www.twitter.com/grin_com

Name: Lubomir Hyben

Studium: Bachelorstudium Deutsche Philologie

Bachelorseminar: Ältere deutsche Literatur

BACHELORARBEIT

Minnemotiv im lyrischen Werk Konrads von Würzburg

Semester: WiSe 2013/2014

Lehrveranstaltung: SE-B Ältere deutsche Literatur: Lyrik um 1300

Inhaltsverzeichnis

Abstract

HYBEN, Lubomir: Minnemotiv im lyrischen Werk Konrads von Würzburg. [Bachelorararbeit]. Universität Wien. Philologisch-kulturwissenschaftliche Fakultät; Studium Deutsche Philologie.

Die vorliegende Bachelorarbeit beschäftigt sich mit dem Minnemotiv und dessen literarischer Darstellung im lyrischen Werk Konrads von Würzburg. Der Zentralpunkt liegt in der Analyse der Minnelieder und des Minneleichs. Des Weiteren werden die verschiedenen Manifestationen der Minne in den Liedern und im Minneleich verglichen. Ich habe versucht die Frage zu beantworten, was genau die Minne bei Konrad bedeutet, wie sie dargestellt wird und warum ausgerechnet sie das Werk Konrads so stark prägt und diesen Autor so einzigartig macht.

Stichwörter: Minne, Minnelied, Tagelied, Minneleich, Minneklage, Natureingang, Sangspruch, Zeitkritik.

1. Vorwort

Die Gattung Lyrik, die als die älteste literarische Gattung gilt, übt bereits seit Jahrtausenden eine Faszination auf das menschliche Geschlecht aus. Die Menschen wurden seit den frühesten Anfängen der Literatur mit verschiedenen Liedern und Versen konfrontiert, deren Sinn sie zu entschlüsseln versuchten (denken wir an Sappho, Alkaios, Anakreon u. a.).

Nach der Völkerwanderungszeit, wo die einzelnen Nationen in Europa ihre Heimat eingenommen hatten, beginnt eine Epoche, wo die Völker mehr Wert auf das Geistige und auf die Kunst legen. Es entstehen die ersten wichtigen Handschriften Europas und in den Gebieten des heutigen Deutschlands, Österreichs und der Schweiz werden die ersten althochdeutschen Texte geschrieben, von denen nur ein Bruch für die folgenden Generationen bleibt.

Nach einer Pause von etwa 150 Jahren kommt es wegen der strengen Verwendung des Lateins zur Entwicklung der deutschen Sprache vom Althochdeutschen zum Mittelhochdeutschen erst um 1050. Es kommt daher auch zur Entwicklung der Literatur, wobei neue Gattungen und neue Texte entstehen, die bis heute eine wichtige Rolle in der Literaturwissenschaft spielen. Diese Texte bieten uns Informationen nicht nur über damalige Gattungen, Schreibarten und Autoren, sondern auch über das Leben des Adels, der unhöfischen Gesellschaft, und bringen uns den geschichtlichen Hintergrund nahe.

2. Einleitung

Die vorliegende Arbeit beschäftigt sich mit der Lyrik Konrads von Würzburg, konkret mit der Minne und ihrer Darstellung und Funktion in Konrads Liedern und im Minneleich. Im ersten Teil dieser Arbeit befasse ich mich mit dem Begriff Minne allgemein. Im zweiten Teil wird der aktuelle Forschungstand dargeboten, indem ich die Forschungsergebnisse von Rüdiger Brand, Ingeborg Glier und Hartmut Kokott vorstelle. Im dritten Teil beschäftige ich mich mit der Minne in den einzelnen Werken von Konrad, ihrer Funktion und vergleiche gleichzeitig ihre Darstellung in Liedern und im Leich. Bei der Analyse der lyrischen Werke Konrads will ich nicht nur auf die Minne, sondern auch auf Konrads Stil hinweisen. Einen wichtigen Teil bilden die Stilmittel, derer Konrad sich bedient und auf die ich näher eingehen möchte. Der Mittelpunkt der Arbeit sind die Lieder, ihre ausführliche Analyse und der Minnediskurs, als auch eine kurze Darstellung der Motive im Minneleich. Im Minneleich beschäftige ich mich mit den Fragen, wie Krieg und Minne zusammenhängen und welche Merkmale der Realität man im Leich ausmachen kann. Ein bedeutendes Merkmal des Minneleichs *Venus diu feine diust entslâfen* sind die allegorischen und numinosen Figuren. Mit Hilfe der Analyse des Minneleichs möchte ich herausfinden, welche Funktion diese Figuren haben und auf welcher Vorstellungsebene sie sich im Leich bewegen.

3. Autor und Werk

Wie auch bei vielen anderen Autoren des Mittelalters, sind auch die Daten Konrads von Würzburg nicht sicher. Konrad wurde ungefähr zwischen 1215 und 1235 geboren, wobei Würzburg mit ziemlicher Sicherheit sein Geburtsort ist.[1] Konrad nennt seine Heimatstadt in mehreren Werken und da er sich von Würzburg nennt, obwohl er bürgerlicher Herkunft war, ist anzunehmen, dass diese Angabe auch stimmt. Außer Würzburg sind noch Straßburg und die schweizerische Stadt Basel mit seinem Namen verbunden. Von anderen Autoren wissen wir, dass er auch in Basel ein Haus besaß, dort dichtete, und ebenda im Jahre 1287 starb.

---

[1] Vgl. Rüdiger BRANDT: Konrad von Würzburg. Kleinere epische Werke. Berlin: Erich Schmidt Verlag 2000, S. 16.

In vielen seiner Werke nennt Konrad seine Auftraggeber. Konrad war ein vielseitiger Künstler und dichtete sowohl lyrische, als auch epische Werke. Die bekanntesten sich *Das Herzmäre, Die goldene Schmiede, Engelhard, Der Welt Lohn, Trojanerkrieg* und andere Verserzählungen. Von seinem lyrischen Werk Konrads sind die Lieder, der religiöse Leich und Minneleich von Bedeutung.

4. Minne

4. 1. Begriffserklärung

„Saget mir ieman, waz ist minne?" Mit diesen Worten fängt eines der bekanntesten Lieder Walthers von der Vogelweide an und er war nicht der einzige Dichter seiner Zeit, der sich diese Frage gestellt hat. Orientieren wir uns an die nordgermanischen Sprachen und somit auch an das Altnordische, so wird das Wort als Erinnerung, Gedächtnis oder auch als Speicher übersetzt (*minnestein* bedeutet Denkmal).

Im Grimm'schen Wörterbuch stehen acht Definitionen zur Verfügung, wobei sich eine auch auf „Erinnerung" oder „Gedächtnis" bezieht. Die anderen Übersetzungen beschreiben den Begriff Minne als helfende, fürsorgliche Liebe, hingebende Liebe des Menschen zu Gott, freiwilliges, gütliches Leisten (im ritterlichen Sinne), Abschiedstrunk mit einem teilen, als Zeichen des Verbunden Seins auch nach der Trennung, Liebe zum anderen Geschlecht und schließlich Anrede an die Geliebte.[2]

Auch in Heinrich von Veldekes *Eneit* fragt die Lavinia ihre Mutter: *„dorch got, wer ist diu Minne?"*[3] Die Mutter erklärt der Tochter, die Minne regiere die Welt von Anfang an und diese Regierung oder Lenkung bis zum jüngsten Tag andauern wird. Diese Deutung der Mutter kann auch als religiös verstanden werden, denn der Gott ist ewig und er ist auch die Liebe, was so viel bedeutet, dass die Gott und Liebe das Mächtigste und das Ewige sind und in der Literatur immer wieder in Verbindung gebracht werden.

---

[2] Vgl. Jacob und Wilhelm GRIMM: Deutsches Wörterbuch. Bd. 12. München: dtv 1999, S. 2238 ff.

[3] Ludwig ETTMÜLLER (Hg.): Heinrich von Veldeke: Eneasroman. Mittelhochdeutsch/Neuhochdeutsch. Stuttgart: Philipp Reclam jun. 2007, S. 548.

4. 2. Minnesang

Ein Fortschritt für die Literatur dieser Zeit ist, dass das Thema der Liebe in der mittelalterlichen Lyrik nun auch in der weltlichen Form erscheint. Es wird nicht mehr nur über Liebe und Gehorsam dem Gott gegenüber geschrieben, sondern es entsteht eine neue Gattung, die sowohl der höfischen, als auch unhöfischen Gesellschaft imponiert. Die Minne wird so zum Thema des Minnesangs und somit auch der eigentliche Mittelpunkt der weltlichen Erzählung.[4] Es handelt sich um eine Art Liebeslyrik, in der die Liebe zur Frau im Mittelpunkt steht. In der Frau kann eine hochgestellte Dame, ein junges Mädchen oder auch die Jungfrau Maria gesehen werden, wie dem auch im Lied *Unter der linden* ist, wo mit der *hehren frouwe* die Jungfrau Maria gemeint sein könnte. Das Motiv der Gottesmutter erscheint oft in den Liedern mit dem Thema der hohen Minne.

5. Darstellung des aktuellen Forschungsstandes

Bereits im Jahre 1898 erschien ein wichtiger Artikel über Konrad von Würzburg. Dieser stammte vom Germanisten Wolfgang Golther. Ich lasse diesen jedoch aus, da zwischen diesem Artikel und den zeitgenössischen eine langjährige Zeitlücke liegt.

5. 1. Ingeborg Glier, 1969

Gliers Forschung hält sich an die bevorstehende Forschung von Hugo Kuhn, der sich gleich wie Karl Heinrich Bertau mit der sprachlichen und musikalischen Form des Leichs auseinandersetzte, was die Konrad-Forschung in den Raum des wissenschaftlichen Interesses rückte. Worauf die Autorin hinweisen will, ist, dass selbst wenn auch die meisten Melodien zu den mittelhochdeutschen Leichs fehlen, man muss die Form der Sprache im Leich als eine wichtige Teilkomponente miteinbeziehen.[5] Glier befasst sich auch mit dem metrischen Aufbau des Leichs. „Der Versikelbau ist ausgeglichener, elaborate Reimkünste treten weithin zurück, und

---

[4] Vgl. Max WEHRLI: Geschichte der deutschen Literatur im Mittelalter. 3. Aufl. Stuttgart: Philipp Reclam jun. 1997, S. 252.

[5] Vgl. Ingeborg GLIER: Der Minneleich im späten 13. Jahrhundert. In: Werk – Typ – Situation. Studien zu poetologischen Bedingungen in der älteren deutschen Literatur. Hrsg. von I. Glier u. a. Stuttgart: 1969, S. 162.

Vierheber, oft sogar paarweise oder gekreuzt gereimt, dominieren eindeutig als metrisches Bauelement."[6] Diese Forschungsergebnisse Gliers beziehen sich nicht nur auf die Leichs Konrads, sondern z. B. auch auf diejenigen von Frauenlob, Hadlaub und andere Dichter dieser Zeit. Konrad bringt in seinen Leichs und Liedern kein minnendes Ich ins Spiel, sondern preist, mahnt und beschreibt die Situation und die Ereignisse gleichsam aus einer objektiven Distanz.[7]

5. 2. Hartmut Kokott, 1989

Das Werk Kokotts ist ein wichtiges Werk in der gesamten Konrad-Forschung, weil er detailliert alle Gattungen und Spezifika ausführlich analysiert und dadurch ein weites Spektrum über Konrads Gesamtwerk darbietet. Kokott entdeckt in Konrads Werk eine neue Art des Schreibens, die vom traditionellen Konzept abweicht. Er hebt sein Selbstbewusstsein hervor, in dem er sich nicht an die Regeln der damaligen Literatur hält, indem er laut Kokott Grenzen zwischen Minnelied und Spruchstrophe überschreitet.[8]

„Seine [Konrads] Minnelieder sind, trotz aller Traditionsgebundenheit, ebenfalls neuartig, insofern Konrad in ihnen und für sie ein eigenes Minnekonzept entwickelt hat, das Grundlage für formale (und auch inhaltliche) Experimente von zum Teil sehr eigenwilliger Art ist."[9] Kokott ist es also gelungen, Konrads Stil auf Grund der Analyse seiner Persönlichkeit durch die Äußerungen in seinen Werken zu rekonstruieren.

5. 3. Rüdiger Brand, 1999

In seinem Buch befasst sich Rüdiger Brand größtenteils mit Konrads epischen Werken, aber er widmet ein Kapitel auch der Lyrik. Konrads lyrisches Werk umfasst zwei Leichs, davon ist einer religiöser und der andere ein Minneleich, 23 Lieder und

---

[6] Ebda, S. 163.

[7] Vgl. ebda, S. 166.

[8] Vgl. Hartmut KOKOTT: Konrad von Würzburg. Ein Autor zwischen Auftrag und Autonomie. Stuttgart: S. Hirzel 1989, S. 290.

[9] Ebda, S. 290.

51 Sangsprüche.[10] Ähnlich wie Glier, auch Brand kommt zum Schluss, dass Konrad in seinem Werk eine gewisse Distanz hat. Außerdem beobachtet er den Natureingang und die Naturdarstellung als konstitutiv für den Minnesang und in manchen Liedern interpretiert er den religiösen Hintergrund,[11] wobei er sich auf Thomas Cramers Forschung beruft.

6. Minnelieder

Die Minnelieder Konrads von Würzburg sind in mehrerer Hinsicht spezifisch. Das Werben um die Dame fehlt völlig und es wird mit einem Preis der Minne oder der Frau ersetzt.[12] Oft sind diese zwei Instanzen in Liedern verbunden. Konrads Sänger besingt die Frau, dennoch bringt er keine Trauer über seine unglückliche Liebe zum Ausdruck – ganz im Gegenteil. Die Liebe wird bei Konrad erwidert und der Sänger schildert seine Gefühle und Freude über das Erfüllen seiner Wünsche, oft auch die sexuelle Lust.[13] Derartige Darstellung der Minne fand nicht nur damals große Anerkennung und Bewunderung seitens seines Publikums. Was noch typisch ist für seine Minnelieder, ist das Auslassen des lyrischen Ichs, das nur in wenigen Liedern vorkommt. Das bedeutet, dass Konrad sich vom Sänger distanziert und nicht auf seine eigenen Sehnsüchte und Wünsche hinweist.

Die Frau, die besungen wird, ist keine bestimmte, sondern irgendeine unbekannte Dame, oder es könnte sich auch allgemein um alle Frauen handeln, die vom Sänger, und nicht von Konrad selbst besungen und bewundert werden. Das Ich ist daher nicht mit Konrad identisch. Eher in Konrads Klagen könnte das lyrische Ich als Konrad selbst und seine Unzufriedenheit über die zeitgenössischen Zustände und Ereignisse verstanden werden.

Der Natureingang in Konrads Liedern spielt auch eine wichtige Rolle, wie es bei Minnesang oft der Fall ist. „Die Zustände der Natur stimmen in die Gefühlslage des Liedes ein, wobei durchaus kontrastiv vorgegangen werden kann: der allgemeinen

---

[10] Vgl. BRANDT, S. 18.

[11] Vgl. ebda, S. 18.

[12] Vgl. KOKOTT, S. 182.

[13] Vgl. ebda, S. 181.

Maienfreude z. B. wird die Schwermut des unerfüllt liebenden Mannes gegenübergestellt, oder der traurigen Winterzeit die Freude der Liebe."[14] Der Natureingang bei Konrad hat seine wichtige Stellung und führt den Leser in die Atmosphäre des Geschehens ein.

Die Form der Lieder zeichnet Konrad als nicht nur einen guten Dichter, sondern auch als einen begabten Ästhetiker aus. Er achtet sehr auf den Reim, und auf die einzelnen Strophen. Der Reim ist immer unterschiedlich: Paarreim, umarmender Reim, Schlagreim, aber auch Anapher (die meistens mit demselben Wort, z. B. *ich*, oder *milte*, stattfindet) und Assonanz. Worauf Konrad bei seinen Liedern besonders achtet, ist die Leichtigkeit und leichte Verständlichkeit.[15] Konrads Stil ist auch durch zahlreiche Mittel geprägt, die zuvor in der Lyrik nicht üblich waren. Ein Beispiel sind die Epitheta, die Konrad in seine Lyrik eingeführt hat,[16] aber auch sein Spiel mit der Sprache, Schönheitsbeschreibungen, Schüttelreim und andere.

6. 1. *Swâ tac erschînen sol zwein liuten*

Dieses Minnelied wird auf Grund des kommenden Tagesanbruchs und bevorstehenden Abschiedes der Verliebten der Untergattung Tagelied zugeordnet und es wird uns als eine kleine Einführung in Konrads Werk dienen. Es kann hier die Frage gestellt werden, wie viel man über den geschichtlichen Hintergrund eines Gedichtes oder über dessen Autor wissen muss, um es interpretieren zu können. Da Konrad von Würzburg ein späterer Vertreter des Minnesangs war, ist in seinem Werk sein außerordentlicher Stil deutlich. Er spielt mit der Sprache und mit dem Reim so, wie es wohl keiner seiner anderen Zeitgenossen macht. Es handelt sich nicht nur um den für die damalige Zeit modernen Kreuzreim am Ende, sondern auch um Anaphern am Anfang der Verse, als auch um eine spezielle Form des Binnenreims. Speziell in diesem Gedicht reimt jedes Wort auf ein anderes. Die untereinander stehenden Wörter in jeweiligen Versen reimen sich. Um solche Reime herstellen zu können, musste Konrad auch bei so einem kurzen Lied lange arbeiten und Wörter suchen,

---

[14] Ebda, S. 184.

[15] Vgl. ebda, S. 186.

[16] Vgl. Helmut DE BOOR: Die deutsche Literatur im späten Mittelalter. Dritter Band/Erster Teil. 5. Aufl. München: C. H. Beck´sche Verlagsbuchhandlung 1997, S. 263.

bzw. kombinieren, damit nicht nur der Sinn und Inhalt des Gedichtes, sondern auch die Form, auf die Konrad besonders geachtet hat, erhalten bleiben. Dieses Tagelied ist ein konstruiertes, virtuoses Formkunstwerk, das als solches gewertet werden soll.[17] Im Lied *Gar bar lît wît walt* spielt Konrad ähnlich mit dem Reim und mit der Metrik.

Was bei dieser Art der Lieder schwierig ist, ist ihre Interpretation selbst. Die konkrete *frouwe* und *minne* fehlen, über das Paar selbst erfahren wir auch nichts Genaues und das ganze Lied scheint ohne Inhalt zu sein. Es scheint sogar, dass es sich um keine konkrete Liebesszene handelt, sondern um ein nicht bestimmtes, womöglich regelmäßiges Treffen eines Paares, über das jetzt nicht explizit erzählt, sondern bloß reflektiert wird. Worum geht es also in einem Tagelied? „In ihm geht es um die Beendigung einer heimlichen Liebesnacht, um die Zeit nach dem Aufwecken des Paares – sei es durch den Wächter, sei es durch die Anzeichen des Tages [...]. Dabei suchen vor der unabweislichen, schmerzlichen Trennung die Liebenden noch einmal die gegenseitige Nähe, die meist in der Liebesvereinigung voll ausgekostet wird."[18] Im Minnesang sind solche Themen wie Liebesvereinigung sehr beliebt, aber konkret bei diesem Lied wird es nicht direkt beschrieben. Dieses Tagelied reflektiert ganz abstrakt über die Liebesnacht, aber über das Liebespaar wird nichts ausgesagt. Außerdem wird in Tageliedern der Name der Geliebten nicht genannt, obgleich es bei Sommer- und Winterliedern oft der Fall ist.[19] Das Lied ist selbstreflexiv und es spricht einfach nur über sich selbst. Konrad hat wahrscheinlich an kein ihm bekanntes Liebespaar gedacht, dessen Liebkosen er dem Publikum schildern wollte. Er wollte mit diesem Gedicht zeigen, dass ihm die Form wichtiger ist, als der Inhalt, den er sich jederzeit ausdenken kann. Die Form ist für ihn das wichtigste, und er war sich seiner künstlerischen Begabung bewusst. Das Lied sagt so viel aus, dass es ein gewöhnliches Tagelied ist, und es gehört dazu, dass ein Liebespaar gemeinsam die Nacht verbringt, bis die Trennung kommt, und damit auch jede Vertrautheit endet.

---

[17] Vgl. Hilkert WEDDIGE: Einführung in die germanistische Mediävistik. 4. Aufl. München: C. H. Beck 2001, S. 143.

[18] Winfried FREY: Einführung in die deutsche Literatur des 12.-16. Jahrhunderts. Opladen: Westdeutscher Verlag 1982, S. 84.

[19] Vgl. ebda, S. 95.

Was Konrad noch betont, ist die Wichtigkeit des Klagens, die mit jedem Tagelied verbunden ist. Das Klagen folgt nach jeder Trennung im Tagelied.

6. 2. *Ich sihe den morgensternen glesten*

Dieses Lied gliedert sich in drei längere Strophen, von deren jede zweiundzwanzig Verse hat. Die Gliederung der Strophen entspricht auch der Zahl der sprechenden Figuren. In der ersten Strophe spricht der Wächter, in der zweiten die Dame und in der dritten der Ritter. Wie der erste Vers mit dem glänzenden Morgenstern schon andeutet, handelt es sich hier um ein Tagelied. Das Reimschema ist unregelmäßig, es gibt auch mehrmals unterbrochenen Haufenreim in den jeweiligen Strophen, als auch Binnenreime.

Das Thema dieses Tageliedes ist die sich dem Ende rückende Liebesnacht eines Liebespaares. Das Paar, das aus einer adeligen Dame und einem Ritter besteht, wird vom Wächter gewarnt, sie sollen sich rasch ihr Liebkosen beenden und sich verabschieden. Der Wächter ist in diesem Lied jedoch keine kleine Figur, die nur marginale Rolle spielen würde. Er bekommt genau so viel Raum zur Äußerung, wie auch die in Lesers Augen wichtigeren Figuren, also die Dame und der Ritter. In Tageliedern ist der Mittelpunkt fast immer die liebende, bzw. die geliebte Dame, doch bei diesem Lied will Konrad darauf hinweisen, dass alle Figuren gleiche Relevanz haben. Das tut er deshalb, weil seine Lieder nicht der einzelnen Dame gewidmet sind, sondern allgemein dienen.[20] In dieser Hinsicht sind die zwei Tagelieder, aber auch die restlichen Minnelieder Konrads von den Liedern anderer Autoren wesentlich abweichend. „Überhaupt ist ihm wesentlicher als die Frau selber die Lust der Minne, die durch die Frau erweckt wird, und Minne ist ihm nicht Dienst, Werben, Sehnen, sondern eine delikate Sinnenlust in liebender Vereinigung."[21] Das sehen wir am Beispiel der zweiten Strophe in der die Dame zu Wort kommt. Sie spricht für sich alleine, in dem sie den kommenden Tag verflucht, der ihr den Liebsten wegnimmt. Doch das lyrische Ich fehlt in diesem Tagelied völlig. Es wird auch die Auskunft darüber gegeben, dass die Dame eine adelige Schönheit sei, jedoch wird sie nicht

---

[20] Vgl. DE BOOR, S. 276.

[21] Ebda, S. 276.

vom Sänger geehrt, wie es im Minnesang üblich ist. Konrad arbeitet in dem Tagelied mit Kontrasten. Einerseits bricht der schöne, sonnige Tag an, der jedoch der Dame ihre Freude nimmt und sie traurig macht. Die Entgegensetzung in Konrads Lyrik spielt eine bedeutende Rolle und auch in diesem Lied wird deutlich, dass Konrad auf diese Entgegensetzung hinweisen will. Die Dame ist traurig, weil sie sich von ihrem lieben Ritter scheiden muss. Der Ritter kommt in der letzten Strophe zum Ausdruck. Er ist aber im Gegensatz zur Dame nicht traurig, sondern hat Angst davor, wie lange er seine geliebte Dame meiden muss. Die letzten Momente mit ihr will er noch für die letzten Zärtlichkeiten nutzen. Diese Zärtlichkeiten und ein symbolischer Kuss am Ende der Liebesnacht sind ein Zeichen für den unvermeidlichen Abschied.

6. 3. *Seht an die wünneclichen zît*

Auch das siebte Lied Konrads besteht aus drei Strophen und beginnt mit dem Natureingang, wie auch die meisten Lieder von ihm. Außer dem Spiel mit der Sprache und ihrer Formelhaftigkeit spielt Konrad auch mit den Sinneseindrücken der Mai-Natur. De Boor meint, dass Konrad überhaupt der erste ist, der im Natureingang eines Minneliedes Quellen aus Felsenspalten entspringen lässt, was aus dem Naturbild des *locus* amoenus der Pastourelle oder des allegorischen Spazierganges übernommen ist.[22] Dieses Phänomen ist nur bei Konrad zu finden, was seine Grenzüberschreitung der literarischen Traditionsgebundenheit bestätigt. Die Lehrhaftigkeit anhand des gelehrten Mannes, der hervortritt, darf nicht vergessen werden, da sie auch ein Element der Lyrik Konrads ist.[23] Dieses Minnelied ist durch einen Refrain gekennzeichnet, in dem Konrad seinen beliebten Schlag- und Schüttelreim einsetzt. „Mit der Wiederholung visueller und auditiver Zeichen der Jahreszeit entwirft Konrad von Würzburg ein weiträumiges Bild einer bunten klangerfüllten Szenerie als Wonnen des *ûzen*, die als Freude von Auge und Ohr Stimuli für Minnegedanken sind, die sich aber als Veranschaulichung der Jahreszeit poetisch emanzipieren."[24] In der zweiten Strophe kommt das lyrische Ich zu Wort, das in der Lyrik Konrads eher als eine Seltenheit angesehen wird. Auch hier kommt

---

[22] Vgl. DE BOOR, S. 276.

[23] Vgl. ebda, S. 277.

[24] Jutta GOHEEN: Mittelalterliche Liebeslyrik von Neidhart von Reuental bis Oswald von Wolkenstein. Berlin: Erich Schmidt Verlag 1984, S. 44.

kein Leid zum Ausdruck, sondern es wird nur die frühlinghafte Natur angesprochen und in der dritten Strophe die Minne zwischen Mann und Frau gepriesen. Konrad macht in seiner Lyrik das, was er auch von seinen lyrischen Figuren und dadurch von seinem Publikum fordert: das Leiden wird vermieden.

6. 4. *Jârlanc wil diu linde von winde sich velwen*

Auch das Lied 27 fängt mit einem Natureingang an, doch diesmal mit keiner blühenden Frühlingsnatur. Die Linde, die sich höchstwahrscheinlich gelb verfärbt, wird bald „sterben". Konrad verwendet für die Vorbereitung der Natur für den Winterschlaf die Allegorie mit dem Verfärben der Blätter. Das Herbstmotiv ist im Natureingang ein Zeichen der Betrübnis und ein Grund für die Trauer und den Abschied. Deshalb benutzt Konrad an dieser Stelle das Motiv des Todes der Linde.

Auch in diesem Lied kommt das lyrische Ich in der zweiten Strophe vor. Man hat jedoch wegen des Sprachmaterials dieses Lied lange als ein Überbleibsel des traditionellen Minnesangs aufgefasst,[25] aber man kann dennoch das Lied eindeutig als Minnelied bezeichnen. Es ist nämlich umstritten, ob es sich um eine Minneklage handelt, doch laut Cramer geht es hier sicherlich um ein Marienlied, das mit Form und Elementen eines Minneliedes operiert, da die Schlussstrophe in Diktion und Bildlichkeit auf die Jungfrau Maria hinweist.[26]

Reflektiert wird über die Herbstqual, die als eine Art Krankheit dargestellt wird. Diese Qual wird von der Minne verursacht. Die nicht anwesende Dame ist diejenige, *„diu mit spilenden ougen vil tougen mich [den Dichter] sêret"*[27], die die Wunden dem Herzen des lyrischen Ichs zugefügt hat. Die dritte Strophe gehört nicht der Dame, die die Qual verursacht hat, sondern sie wird dem Ausruf an eine andere Dame gewidmet, wobei es sich um die Jungfrau Maria handeln könnte. Der Preis der *vrouwe* ist in dieser Strophe wieder sichtbar und das lyrische Ich bittet sie unter dem Joch der Qual, sie solle sich erbarmen. De Boor meint, dass in diesem Lied, genauso

---

[25] Vgl. KOKOTT, S. 192.

[26] Vgl. Thomas CRAMER: Minnesang in der Stadt. Überlegungen zu Lyrik Konrads von Würzburg. In: Literatur – Publikum – Historischer Kontext. Hrsg. von Gert Kaiser. Bern, Frankfurt, Las Vegas 1977, S. 93 ff.

[27] Konrad von WÜRZBURG, S. 48.

wie im Lied Nr. 28 die persönliche Minneklage des Dichters ausgedrückt wird.[28] Es ist sehr wahrscheinlich, dass in der zweiten Strophe tatsächlich eine Dame gemeint ist, die dem Dichter Leid und Schmerz gebracht hat, und er sich deshalb in der dritten Strophe an die andere Dame, die Jungfrau Maria, wendet, die er um Hilfe und Linderung seiner Pein bittet.

6. 5. *Jârlanc wil diu linde velwen sich geswinde*

Wie auch bei anderen Liedern Konrads, ist die Gliederung des Liedes in drei Strophen auch hier keine Ausnahme. Die erste Strophe gehört, wie auch bei den schön erwähnten Liedern Konrads, dem Natureingang. In diesem Lied wird im Gegensatz zum Lied Nr. 27 das Glück eines Mannes, der sich über die Anwesenheit seiner Geliebten freut, geschildert. Es handelt sich entweder um ein Lied, das inhaltlich nach einem Tagelied folgen sollte, oder das einem Tagelied bevorsteht.

Konrad hat hier jedoch mit dem Rollenverständnis des Minnesängers gebrochen, da der Autor sich selbst in der Rolle des Liebenden darstellt, denn das Lied entsteht ja erst aus dieser seiner Spielbeteilgung.[29] Konrad zieht sich also aus dieser Rolle des Beteiligten zurück und es wird dadurch auch die These bestätigt, dass das lyrische Ich in Konrads Liedern, das allerdings nicht in jedem Lied anwesend ist, nicht selbstverständlich mit Konrad identisch sein muss. „Wenn aber der Autor sich nicht mehr als Mitspieler versteht, sind auch die Rezipienten aus der Rolle der Mitspieler-Beteiligten entlassen.“[30] Mit diesem Resultat belegt Cramer die These des Spiels Konrads mit seinem Publikum.

7. Leich

Der Leich gehört neben dem Minnesang und der Sangspruchdichtung zu den drei Haupttypen der Lieddichtung des Mittelalters. Für diese Gattung wurden die beiden großen Themen dieser Zeit verwenden: Religion und Minne. Der religiöse Leich hat

---

[28] Vgl. DE BOOR, S. 275.
[29] Vgl. CRAMER, S. 95.
[30] Ebda, S. 95.

zwei Untergattungen: Marienleich und Kreuzleich (in der Zeit der Kreuzzüge). Der Minneleich wurde zuerst bei Ulrich von Gutenberg greifbar, und wird unter anderen auch von Ulrich von Lichtenstein weitergeführt. Tannhäuser und Ulrich von Winterstetten haben eine leichtere Form erfunden, die inhaltlich Bezug auf den Tanz nahm, den sogenannten Tanzleich. Es ist nicht bekannt, ob die beiden Leichtypen auf verschiedene Grundrisse zurückgehen, doch man kann auf Grund des Inhaltes, der Intention und des rhythmischen Klanges zwischen dem Minneleich und dem Tanzleich unterscheiden.[31]

Der Leich setzt sich im Gegensatz zum Lied aus keinen Strophen, sondern aus strophenartigen Elementen, den sogenannten Versikeln zusammen. Die Reimstellung ist frei. Eine Folge verschiedener Versikel ergibt das nächste größere Element des Leichs – eine Perikope (Abschnitt). Der Leich setzt sich aus einer Reihe von Perikopen zusammen, wie z. B. ein Lied oder ein Gedicht aus Strophen. Die Perikopen können unmittelbar in Abständen wie Refrain wiederholt werden. Die Bauprinzipien des Leichs sind also Wiederholung und Abwandlung der Bauelemente.

Die Versikel sind fast immer paarig gestaltet. Sie sind entweder paarig gebaut und reimend gebunden oder frei gebaute und gegliederte unpaarige Versikel werden mit oder ohne reimende Bindungen als Doppelversikel wiederholt).[32] Außerdem sind Lied und Leich im Strophenbau bewusst voneinander unterschieden, aber in Themen und Tendenzen, so Glier, überschneidet sich der Leich mit dem Lied und dem Spruch.[33] Im Lied bilden die Strophen eine syntaktische Einheit, die nur selten unterbrochen wird (z. B. durch Enjambements), wobei im Leich das Überfließen von Satz und Sinn aus einem Versikel in den nächsten erscheint.[34] Das heißt, dass hier Enjambements auch zur Regel werden. Die Länge der Versikel ist sehr wechselhaft, wie bei den Strophen. Es können kurze Perikopen, oder riesige Abschnitte entstehen (wie bei Frauenlob). Wie auch bei den Minneliedern, hat das Spiel mit der Sprache

---

[31] Vgl. Christina KREIBICH: Der mittelhochdeutsche Minneleich. Ein Beitrag zu seiner Analyse. Würzburg: Königshausen & Neumann 2000, S. 180.

[32] Vgl. GLIER, S. 163.

[33] Vgl. ebda, S. 161.

[34] Vgl. ebda, S. 163.

eine bedeutsame Stelle im Leich. Die Sprachform ist beim Leich zwar nicht das Ganze, aber sie bildet eine gewichtige Teilkomponente dieser Gattung.[35]

7. 1. Minneleichs Konrads

Der Leich *Venus diu feine diust entslâfen* Nr. 2 steht dem Sangspruch sehr nah. Die konkrete Zuordnung dieses Werkes zu einer konkreten Untergattung ist allerding sehr schwer. Minneklage kann es nicht eindeutig sein, da Treuebekundungen und Frauenpreis fehlen,[36] und der religiöse Leich ist es sicher nicht, weil die religiöse Thematik völlig fehlt. Was vorhanden ist, ist das Motiv der fehlenden Minne und die mythologische Instanz. Es ist sogar umstritten, ob das Werk eindeutig der Lyrik zugeordnet werden kann, da es eine Handlung enthält, über die im Leich erzählt wird. Konrad selbst nennt dieses Werk einen *tanz* und in der Literatur wird es als weltlicher oder mythologisch-epischer Minneleich bezeichnet.

Konrad behandelt in diesem Leich die damalige Gegenwart. Venus und ihr Sohn Amor sind vom Kriegsgott Mars bedrängt. Konrad klagt über die Rechtsunsicherheit und harte, ungerechte Herrschaft, über Raub, Brand und Zerstörung der Städte und über Lust der Ritter am Krieg und Streit. Die Minne, die hier höfische Zucht und Bildung darstellt, liegt als eine personifizierte Fee im Sterben. Das von Konrad empfohlene Heilmittel hat mit Politik nichts zu tun – es ist reizend spielerisch und naiv.[37] Konrad ruft im Leich Venus und Amor, die die Männer und Ritter in der Stadt zur Minne bewegen sollen, damit sie *rîten* und *strîten* vergessen. Nur die Gottheiten der Minne können eine ideale, friedenvolle Welt wiederherstellen.

Die Geschichte beginnt damit, dass die personifizierte Minne als eine Fee eingeschlafen ist. Die Liebesgestalten der Minne sind Liebesgöttin Venus und ihr Sohn Amor. Im Versikel Nr. 20 verweist Konrad auf die Geschichte von Tristans Eltern *Riwalin* und *Blanscheflur*, deren Liebesgeschichte ein tragisches Ende hat. Diese Beispielfiguren verwendet Konrad um zu zeigen, dass solche Minne unter den gegebenen Umständen nicht denkbar ist und zum Untergang verurteilt ist.

---

[35] Vgl. ebda, S. 162.
[36] Vgl. KREIBICH, S. 180
[37] Vgl. DE BOOR, S. 47.

In Konrads Minneleich bleibt das Motiv der fehlenden Minne sichtbar, „nämlich die Klage über die allgemeine Minne-Situation als Inhaltselement"[38] wird zum Hauptthema des Minneleichs. Erotik und das Besingen einer höher gestellten *vrouwe* sind in diesem Werk kein Thema, womit die Minne ihrer klassischen Funktion in der mittelalterlichen Lyrik enthoben wurde. Die Minne hat in diesem Werk eine andere Funktion, als in der klassischen Minnedichtung. Sie stellt hier ein Symbol für die Vereinigung der Bürger dar und diese kann nur durch Wirkung von Venus oder Amor wiederhergestellt werden. Der Zwiespalt im Volk soll auf diese Weise symbolisch von zwei Gestalten aus der Mythologie ein Ende gesetzt werden. Die Minne hatte in Konrads Lyrik nie die Aufgabe der Friedenswiederherstellung.

„Der [Minne-] Leich Konrads von Würzburg wendet die Minneklage ins Allgemeine und Objektive, nämlich zumindest im ersten Teil als Zeitklage über den Verfall der höfischen Minne und den Verlust der Freude. Damit berührt er sich mit keinem anderen Minneleich [...]."[39] In diesem Minneleich werden Liebe, Minne und Frieden personifiziert und handelt als lebendige Figuren. Die Fee Venus schläft ein und versäumt ihre Aufgabe im Leben des Bürgertums zu erfüllen. Die Männer verlieren ihr Interesse an Frauen, Hochzeiten finden fast gar nicht mehr statt und die Bevölkerung ist voller Hass und Rache. Die Unruhe ist das Resultat von Mars´ Regierung. Aus der Mythologie ist Mars als grausamer, unbarmherziger und zänkischer Gott bekannt. Er verwüstete das Land und vertrieb Amor durch Raub und Feuer. Der Niedergang der Minne wird also durch symbolische Gestalten aus der Mythologie und ihre Handlung geschildert. Eine negative Figur in diesem Leich ist auch Frau *Wendelmuot*, die für die verhängnisvolle Saat verantwortlich ist. Aus dieser Saat gehen Früchte hervor, die *valschen rât* in sich verbergen. Für den Brand Trojas und für Paris´ Tod ist wiederum die dritte negative Figur *Discordîa* verantwortlich.

7. 1. 1. Aufbau

Konrad verwendet die Dreiteilung nicht nur in seinen Minneliedern, sondern auch im Minneleich. Gleich der erste Abschnitt wird in drei kleinere Teile gegliedert und in

---

[38] Ebda, S. 180.
[39] GLIER, S. 169 ff.

jedem der drei Teile verbirgt sich eine mythologische Gestalt und eine Allegorie: die schlafende Venus, der grausame Mars, der Amor vertreibt, und die Frau *Wendelmuot*, die durch den *iresâmen* für die Verwirrung sorgt.[40] Der Leich gliedert sich also in drei größere Abschnitte, die sich in kleinere, aus einzelnen Versikeln bestehende Teile gliedern. Der erste Teil beschreibt die allgemeine Minnesituation, die Herrschaft des Mars und das Unbehagen in der Gesellschaft. Im zweiten Teil kommt die eigentliche Klage vor, die mit einem Ausruf an Venus und Amor verbunden ist. Im dritten Teil, der zugleich der letzte ist, kommt der Umschwung in der Situation. Die Streite enden und die Bevölkerung lebt wieder in Frieden. Es wird bewiesen, dass die Minne doch stärker ist, als der Streit und Krieg. Der Leich schließt mit dem Trost und der Vorstellung Konrads ab.

7. 1. 2. Literarische Mittel und Figuren

Als die wichtigsten Stillmittel, die Konrad in seinem Minneleich verwendet, zählen Personifikation und Allegorie. Diese weisen auf gesellschaftliche Zustände und Verhaltensweisen hin. Konrad benutzt mancherorts auch eine harte, faktische Art des Sprechens,[41] die dem Minneleich sonst fremd ist, weil für diese Art Literatur die Bildersprache am besten geeignet ist. Die Sprache im Leich ist genau so präzise gestaltet, wie auch die gesamte Form des Leichs. „Wichtig für die Struktur des Leichs ist noch die geschickte Verschränkung zweier gegenläufiger Vorstellungsebenen. Im ersten Teil kämpfen allegorische bzw. numinose Figuren (antiker Provenienz) gegeneinander, die Auswirkungen ihrer Auseinandersetzung werden aber als ganz konkrete zeitgenössische Zustände realisiert.“[42] Die Figuren nimmt Konrad aus der antiken, römischen Mythologie. Diese Gestalten können in 3 Kategorien eingeteilt werden: Gottheiten (Mars, Venus, Amor), Exempelfiguren (*Riwalin*, *Blanscheflur*, *Paris*) und Personifikationen (*Wendelmuot*, *Discordia* und *Frau Minne*).[43]

Wenn man den Leich zum ersten Mal liest, müsste man sofort merken, dass es sich entweder um eine hinter der Allegorie versteckte Gewalttat oder um Krieg handelt.

---

[40] Vgl. ebda, S. 170.

[41] Vgl. ebda, S. 170.

[42] KOKOTT, S. 175.

[43] Vgl. KREIBICH, S. 181.

Die erste bedeutende Allegorie ist also die schlafende Minne, die nicht mehr ihre Aufgabe im Bürgertum erfüllt. Konrad symbolisiert auch den Hass und Kriegssucht der Bevölkerung, indem er sie als „blinde" bezeichnet, wenn es um die Minne geht, und als „sehr scharf sehende", wenn es sich um den Krieg handelt. Die Bevölkerung lässt sich laut Konrad selbst von dem Bösen beeinflussen und er klagt über diese Eigenschaft der Menschen im allgemeinen Sinne.

Das Herz im Minneleich Konrads, aber auch in anderen Werken der Liebeslyrik ist im Mittelalter nichts Ungewöhnliches. Das Herz ist der Raum für die Empfindung der Minne als lodernder Begeisterung mit einem physisch-materiellem Charakter.[44] *„Wirf dîn fiur und ouch dîn zunder in ir herze mit gewalt"* (2, 103-104). „Konrad [...] richtet mit diesem Bild einen leidenschaftlichen Appell an Venus, den Sinn des Mannes vom Krieg auf die Liebe zu lenken."[45]

Konrad kritisiert zwar den Krieg, aber er tut es indirekt durch die Kritik der bösen Gottheiten, und nicht der Bevölkerung selbst. Er benutzt dafür auch das Symbol des verschlossenen Tores der Freude. Es könnte hier ein Beispiel aus der Bibel aufgegriffen sein, in dem er das Tor des Edens gemeint haben könnte. Das Tor des Edens ist für diejenigen geschlossen, die sich für den Krieg, und nicht für die Minne entschieden haben. Es stoßen hier also die Symbole aus der Bibel mit den Figuren aus der Antike aufeinander.

Das lyrische Ich sieht sich als denjenigen, der die Situation verändern muss. „Nicht ein einzelner leidet, sondern die Gesellschaft, nicht, wie sonst, der Sänger unter der Unnahbarkeit der Dame, sondern die Frauen unter der Zwietracht der Männer, und Konrad macht sich hier zum Sprecher der *werden wîp* [...]."[46] Dadurch zeigt Konrad diesmal die Solidarität mit den Frauen, die er in seinen Liedern zusammen mit der Minne gepriesen hat. Die Frau als die Leidende in der Lyrik des Mittelalters war jedoch in diesen Zeiten recht unüblich. Konrad spricht aus der Perspektive des Bürgers, also von unten.[47] Im Text verwendet er das Symbol der Kühe und Ziegen, die Opfer der Plünderungen sind. Konrad weist darauf hin, dass im Krieg diejenigen

---

[44] Vgl. GOHEEN, S. 112.

[45] Ebda, S. 113.

[46] GLIER, S. 171.

[47] Vgl. Ebda, S. 171.

zum Opfer werden, die sich nicht wehren können, die unschuldig sind und die dagegen nicht protestieren können.

Er verwendet aber auch die Allegorie der Frau *Wendelmuot* und *Discordîa*. Es stellt sich die Frage, warum die weiblichen Gestalten dazu genommen werden. Der Kriegsgott Mars steht auf einer Seite zusammen mit *Wendelmuot* und *Discordîa*. Konrad zeigt mit dieser Verbindung, in wie fern die Minne mit dem Krieg zusammenhängt. Die damaligen gesellschaftlichen Verhältnisse waren zwar durch starke religiösen Einflüsse geprägt, doch das hinderte die Herrscher nicht daran, Kriege zu führen und ihre Macht auf Kosten der Bürger geltend zu machen. In der Wirklichkeit werden also die Konflikte nicht in christlicher Liebe gelöst, sondern mit Gewalt ausgetragen.[48] Die Verwendung der Minne und des Krieges ist daher eine Metapher, in der die unzufriedene Bevölkerung und die Herrscher gemeint sind. Ähnliche Metaphern verwendet Konrad auch in seinen anderen Werken, z. B. im *Partonopier* sind es die Auseinandersetzungen mit den Zünften in Basel, im *Herzmäre* der Oberrheinische Kreuzzug und im *Trojanerkrieg* die Auseinandersetzung zwischen den Basler Parteien der Psitticher und Sterner.[49]

Was bei diesem Minneleich noch auffällt, sind die Kleidungsstücke, die erwähnt werden. Bei Neidhart von Reuental, aber auch bei anderen Dichtern stellen die Kleidungsstücke etwas Erotisches dar. Hier werden gewöhnliche Jacken gegen Kriegsjacken ausgetauscht. Die Schleppe, die als Symbol für jungfräuliche Reinheit steht, wird nicht mehr getragen. Die Reinheit spielt also keine Rolle mehr, da die Bevölkerung sich nur noch mit dem Krieg beschäftigt. Auch der *kranz* wird nicht mehr getragen, was darauf hindeutet, dass die Hochzeiten nicht mehr stattfinden und die Minne tatsächlich aus der Stadt verschwunden ist.

7. 1. 3. Entgegensetzung

Ein wichtiges Phänomen im Minneleich Konrads ist die Entgegensetzung. Erstens werden auf einer Seite negative und auf der anderen positive Figuren gegenübergestellt. In Konrads Liedern ist es nicht so. Da handelt es sich um ganz

---

[48] Vgl. BRANDT, S. 34.
[49] Vgl. ebda, S. 43 ff.

kurze Lieder mit keiner längeren Handlung und die Wächter können nicht als eindeutig negative Figuren abgestempelt werden. Doch im Leich geht es um die Entgegensetzung der guten Götter Venus uns Amor, und des bösen Gottes Mars´ zusammen mit Frau *Wendelmuot*, bzw. *Discordîa*. Es ist ein Kunstgriff Konrads, mit dem er Gleichgewicht zwischen dem Guten und Bösen herstellen will.

Die Minne in den ersten Versikeln des Leichs identifiziert man mit Freude. Ihr gegenüber steht der Streit, der die Trauer verbreitet. Mit der fehlenden Freude werden Frauen gemeint, für die sich Männer nicht mehr interessieren, weil sie mit dem Streit beschäftigt sind, womit der Verfall der höfischen Minne und der Verlust der Freude gemeint sind.[50] Eine weitere Entgegensetzung sind somit traurige Frauen und zänkische Männer. Dem bittersauren Gefühl der Trauer wird das süßliebliche Gefühl der Minne gegenübergestellt. Die gesamte Entgegensetzung steht für *herre und gebûr* (V. 22), also für den Adel, bzw. die Herrscher der damaligen Zeit, die mit der einfachen Bevölkerung einen Streit führen. So wird die allgemeine Minne-Situation beschrieben, in der Konrad einen Minne-Krieg zwischen Mars und Amor schildert.[51]

Eine Gegenüberstellung passiert auch bei *Riwalin* und *Blanscheflur*. Diese werden als Minnepaar erwähnt, dessen Minne unter solchen Umständen nicht funktionieren konnte.[52] Konrad stellt diese Beispielfiguren der realen Bevölkerung gegenüber, damit diese begreift, dass die Minne unter den Umständen des Krieges nicht blühen kann.

Das lyrische Ich kommt fast gar nicht zu Wort und daher wird auch Konrads Haltung sichtbar. „Da das lyrische Ich und sein eigenes Minneschicksal in diesem Leich nicht von Interesse sind, werden auch keine Vergleichspunkte zu den literarischen Exempelgestalten konstruiert; […].“[53] Auf der einen Seite klagt Konrad über die Situation, aber auf der anderen zeigt er, dass es hier nicht um keinen einzelnen geht, sondern um eine ganze Masse der Bürger. Das könnte der Grund sein, warum er zwar über die Situation klagt, aber nicht als einzelnes Individuum (in diesem Fall als das lyrische Ich) dagegen vorgeht.

---

[50] Vgl. GLIER, S. 170.

[51] Vgl. KREIBICH, S. 180.

[52] Vgl. ebda, S. 180.

[53] Ebda, S. 180 ff.

7. 1. 4. Kritik

Konrad verbindet in seinem Minneleich zwei Elemente, die gar nicht zusammen passen: Minne und Krieg. Diese hängen jedoch insofern zusammen, inwiefern der Krieg den Verfall der Minne verursacht hat. Was hier Konrad mit dieser Assoziation macht, ist Kritik der Gesellschaft. Diese Kritik übt er mit Hilfe der Zeitklage, die in keinem anderen Minneleich anderer Autoren zu finden ist. „Es handelt sich demnach um ein strukturelles Novum, eine Mischform, bestehend aus Inhaltsversatzstücken der Minne-Klage und einem episch anmutenden Einschub, der dem Leich an sich gattungsfremd ist."[54] Die Kritik findet so statt, dass sie an den numinosen Gestalten ausgeübt wird. Diese stellen die höhere Macht dar, die wegen ihren Handelns und ihrer Gleichgültigkeit dem Bürgertum gegenüber kritisiert werden muss. Da die Minne aber nur eingeschlafen, und nicht verstorben ist, kann man mit einer Besserung rechnen. Am Schluss kommt es dann zu einem Umschwung, wo der Krieg durch die Minne ersetzt wird. Am Beispiel dieser entworfenen Scheinzufriedenheit kritisiert Konrad die Irrationalität, da die Lage vorher ernst war und das optimistische Ende als völlig unrealistisch erscheint. Es könnte durchaus sein, dass Konrad dadurch auch das Bürgertum kritisiert, das sich nur zurückzieht und auf die Hilfe von oben wartet. Er benennt zwar namentlich die Gründe für die regionalen Kleinkriege, doch er wirft es nicht jedem Einzelnen vor.[55]

8. Vergleich des Leichs und der Lieder

Bei der Analyse der Lieder und des Leichs konnte man sehen, dass diese zwei Gattungen bei Konrad von Würzburg mehrere Gemeinsamkeiten aufweisen. Konrad baut seine Werke sehr streng, wenn nicht sogar schematisch, dass die metrisch formalen Gruppenbildungen, ob die Versikel und Perikopen im Leich oder die Strophen in den Liedern, auch inhaltlich übereinstimmen und sich weitestgehend entsprechen.[56] Der Natureingang ist in jedem Lied außer Nr. 28 vorhanden, doch im Minneleich verzichtet Konrad auf ihn. Es war aber durchaus üblich, dass Minneleiche

---

[54] KREIBICH, S. 180.
[55] Vgl. KOKOTT, S. 177.
[56] Vgl. ebda, S. 172.

mit einem Natureingang begonnen haben, z. B. bei Heinrich von Sax, Frauenlob oder Hadloub. „In dem traditionellen Zweiklang von Natur und Minne ist ihm [Konrad] indessen die Natur wichtiger und offenbar unmittelbarer zugänglich. Die Naturteile seiner Lieder sind weit mehr als durchschnittliche Natureingänge. Sie haben Bedeutung in sich."[57]

Wie schon früher erwähnt, ist der Minneleich Konrads episch-spruchhaft.[58] Das heißt, die Grenzen zwischen Leich und Spruch werden verwischt. Elemente des epischen Erzählens finden wir auch in seinen Tageliedern, in denen es eine kurze Handlung gibt. Die Frage also, ob die Lieder eindeutig episch sind, ist teilweise immer noch offen. Grundsätzlich sind die Lieder schon lyrisch, weil wir mit der mittelalterlichen Liebeslyrik zu tun haben. Ein interessantes Phänomen dieser Lyrik ist jedoch die Narrativität. Vergleichen wir mehrere lyrische Gedichte dieser Epoche, so kommen wir zum Schluss, dass es manche Lieder gibt, in denen keine Geschichte erzählt wird und die Lieder somit keine Abhandlung enthalten. Im Minneleich, als auch in den Tageliedern gibt es allerdings diese Abhandlung der kurzen Szenen, und deshalb nennt man diese Gedichte auch narrativ.

Die Lieder Nr. 27 und 28 haben mit dem Minneleich wiederum die persönliche Minneklage des Dichters gemeinsam.[59] In Konrads Liedern erscheint die Minne in einer anderen Form als bei seinen Zeitgenossen. „Das gesellige Spiel des Minnedienstes hat Konrad offenbar nicht mitgespielt. Die Menge seiner Lieder gilt dem allgemeinen Preis der Frauen, mehr noch dem Preis der Minne."[60] Die Ähnlichkeit der Lieder und des Leichs in dieser Hinsicht ist deutlich in dem Punkt, dass er sowohl in den Liedern, als auch im Minneleich keine bestimmte Frau besingt. In den Liedern geht es um eine unbekannte Dame und Konrad identifiziert sich nicht mit dem Sänger, u. a. auch deshalb, weil das lyrische sehr oft fehlt. Dieselbe Szenerie spielt sich im Minneleich ab, wo er ebenso keine bestimmte Frau erwähnt wird und er sich für keinen einzelnen einsetzt. Er tritt hier als ganz allgemeiner Vertreter aller Frauen, für die sich Männer auf Grund des Zustandes nicht mehr interessieren.

---

[57] DE BOOR, S. 276

[58] Vgl. ebda, S. 47.

[59] Vgl. ebda, S. 275.

[60] Ebda, S. 276.

8. 1. Das lyrische Ich und das Minnekonzept

„Kennzeichnend für seine [Konrads] Lyrik ist, daß [sic!] das Ich des Sängers fast ganz verschwindet. An die Stelle der persönlichen Minne-Betroffenheit tritt ein reflektierend-lehrhaftes Sprechen über das Thema Minne."[61] Bedeutend ist, dass das lyrische Ich nicht in allen Liedern ausgelassen wird. Konrad und das lyrische Ich in seinen Liedern sind ja nicht identisch, was die Distanz des Dichters bedeutet. Im Gegensatz zum Minneleich klagt über die Minne-Situation Konrad selbst und daher kann man annehmen, dass Konrad diese zwei Instanzen bewusst voneinander unterscheidet. Das Minnelied hat bei ihm eine andere Funktion als der Minneleich. Bei beiden Gattungen handelt es sich um mit der Minne verbundene Lyrik, doch im Minneleich verwendet er ganz unterschiedliche Kunstgriffe, als in den Minneliedern, was für die allgemeine Gestaltung des Minneleichs unüblich war.

Das Minnekonzept ist ähnlich wie die Verwendung des lyrischen Ichs unterschiedlich in den Liedern und im Leich. In den Liedern bedeutet die Minne kein Werben, Sehnen oder entbehrungsreicher Dienst mehr, sondern eher eine reale Liebeserfüllung, die von beiden Seiten genossen wird.[62] Das bestätigt sich auch in Konrads Tageliedern, in den die Liebesnacht des Paares und der darauf folgende Morgen mit der Mahnung des Wächters geschildert werden. Die Minne ist bei Konrad nicht nur eine Liebeserfüllung, die am Beispiel der Liebesnacht beschrieben wird, sondern auch eine Grundlage für Freude, und nicht für Leid.[63]

Die Verallgemeinerung, die sich aus dem Minnekonzept selbst ableiten lässt,[64] ist das, was Konrads Minnelieder so einzigartig macht und in dem sie sich von den Minneliedern anderer Dichter unterscheiden. Kokott meint, dass gerade das sexualisierte Verhältnis der Geschlechter zueinander eine besondere Legitimierung verlangt: den tugendhaften Charakter der Frau.[65] „Entsprechend kann die Frau als Partnerin in einer solchen Beziehung nicht mehr eine bestimmte, einzelne Frau sein, die in den traditionellen Minneliedern zwar namenlos bleibt, aber als die eine, ganz

---

[61] Joachim BUMKE: Geschichte der deutschen Literatur im hohen Mittelalter. 4. aktualisierte Aufl. München: dtv 2000, S. 312.

[62] Vgl. KOKOTT, S. 181.

[63] Vgl. ebda, S. 181.

[64] Vgl. ebda, S. 183.

[65] Vgl. ebda, S. 183.

konkrete, potentiell benennbare Geliebte vorgestellt wird, sondern sie muß [sic!] als die Frau abstrahiert werden, um so von vornherein die Desavouierung einer (potentiell) ganz bestimmten Frau und Geliebten auszuschließen."[66]

8. 2. Die Stilmittel

Im Minneleich setzt Konrad hauptsächlich Personifizierung und Allegorie ein. Die Allegorie wird bei Beispielfiguren *Riwalin* und *Blanscheflur*, als auch bei der Frau *Wendelmuot* und *Discordia* verwendet. „Schlaf der Venus, Herrschaft des Mars und die falsche Saat der Frau *Wendelmuot* sind drei verschiedene Aspekte der einen Situation, hängen aber nur auf der Sinnebene, nicht auf der Bildebene zusammen."[67] Personifiziert wird die Minne, die sich in göttlichen Figuren Venus und Amor versteckt. Es ist nicht eindeutig, on Mars Personifizierung, oder Allegorie ist. Er ist der personifizierte Krieg, der im Bürgertum geführt wird, doch er kann anhand seines göttlichen Status auch als der zänkische Herrscher des Bürgertums, bzw. als Adel gemeint sein. Für den Kriegszustand wird also die höhere göttliche Macht verantwortlich gemacht, hinter der sich die höhere Macht der Menschen versteckt.

Wichtig für die Struktur des Leichs ist die geschickte Verschränkung zweier Vorstellungsebenen. Im ersten Teil kämpfen numinose bzw. allegorische Figuren gegeneinander, was Auswirkungen auf die zeitgenössischen Kriegszustände hat.[68] Im zweiten Teil sollen sich Venus und Amor auf allegorischer Ebene nicht weiterhin gegen *Discordia* und Mars wenden, sondern die Objekte ihrer Taten sollen jetzt die real in der zeitgenössischen Welt kämpfenden Männer sein, in deren Herzen die Minne aufs Neue entzündet werden soll. Das Ergebnis ist dann der eigentliche Wunsch Konrads: Wunsch nach Harmonie, Frieden und Gesellligkeit.

Wichtige Gattungsmittel sind auch die Bildbrechungen und allegorische Sprechweisen, die eher für den Spruch typisch sind, als für den Leich. Das Publikum und die Leser wissen natürlich, dass nicht der Kampf der Götter die Ursache für den Krieg ist. Das Problem liegt bei den kriegerischen Männern, bzw. bei den Adeligen,

---

[66] KOKOTT, S. 183.

[67] Ebda, S. 175.

[68] Vgl. GLIER, S. 171.

die hiermit kritisiert werden. In deren Herzen hat die Kampf- und Kriegslust Vorrang vor der Friedensliebe. Das erklärt den Ebenenwechsel: der Sieg von Amor und Venus soll bei den Männern bemerkbar werden, die den Frieden herbeiführen können. Im zweiten Teil sind also die Männer die logischen Objekte für Venus und Mars.

Der reale Krieg, der von den rachsüchtigen Männern geführt wird, stellt zuerst den Konflikt zwischen Venus/Amor und *Mars/Wendelmuot*, bzw. literarisierte *Discordîa* dar. Im zweiten Teil wird die allegorische Ebene ausgelassen: Venus/Amor sind den beiden anderen überlegen, durch das Einwirken auf die Herzen der Männer, d. h. sie wirkten auf die zeitgenössische Realität ein. Die Durchbrechung der Allegorie ist notwendig um die kämpfenden Männer zu erreichen. Der Schluss dient als Antrieb für die Männer. Er bezieht sich auf die früher erlebte und bekannte Realität, nämlich die höfische Freude und Frieden.

9. Zusammenfassung

Das Ziel der vorliegenden Arbeit war den Begriff der Minne im lyrischen Werk Konrads von Würzburg zu analysieren. Es wurden Beobachtungen verschiedener Forscher vorgestellt, wobei ich versucht habe, die jeweiligen Forschungsergebnisse zu vergleichen.

Für das lyrische Werk Konrads sind mehrere Faktoren wichtig. In erster Linie sind das unterschiedliche Darstellungen der Minne im Minneleich und in den Minneliedern. Was seine Lyrik besonders auszeichnet, ist die streng gebaute Form der Lieder und des Leichs, das eigenartige Spiel mit der Sprache, die Reimgestaltung und literarische Mittel, deren Konrad sich bedient, und schließlich die Leichtigkeit und die hinter verschiedenen Metaphern und Allegorien versteckte Verständlichkeit seiner Sprache. Das Werk Konrads zeichnet sich durch ein Novum aus, das bisher von keinem anderen Dichter dieser Zeit gewagt wurde.

„Seine Minnelieder sind, trotz aller Traditionsgebundenheit, ebenfalls neuartig, insofern Konrad in ihnen und für sie ein eigenes Minnekonzept entwickelt hat, das Grundlage für formale (und auch inhaltliche) Experimente von zum Teil sehr eigenwilliger Art ist."[69] Diese Experimente zeichnen sich dadurch aus, dass Konrad mehrere Gattungen verbindet, indem man sie nicht eindeutig zuordnen kann. So werden die Grenzen zwischen dem Spruch und Leich, Lyrik und Epik, Minneliedern und –klagen verwischt, was zeigt, dass Konrad ganz anders und mit anderen Mitteln arbeitet, als seine zeitgenössischen Kollegen, wie Hadloub, Frauenlob oder Tannhäuser.

Wenn wir heute Konrad von Würzburg betrachten, könnten wir seine Schreibensart mit derjenigen Shakespeares vergleichen. Die Grenzüberschreitung und das Durchbrechen der Regeln sind die wichtigsten Merkmale seiner Lyrik, die im Gegensatz zu Konrads epischem Werk in den Hintergrund gedrängt wird. „Überblickt man das ganze Spektrum des Oeuvres Konrads von Würzburg, so stellt er sich durchaus als der Dichter neuen Typs dar, als der er häufig apostrophiert wurde, doch m.E. auf andere Weise, als man es in der Regel liest."[70]

---

[69] KOKOTT, S. 290.

[70] Ebda, S. 292.

Ich hoffe, dass meine Arbeit kein uninteressantes Lesen war. Ich empfehle den Lesern zugleich, nicht nur die lyrischen, sondern auch die epischen Werke von Konrad zu lesen, die sich mit verschiedenen Aspekten der damaligen Literatur beschäftigen. Diese Literatur versucht uns allen das Tor zum Verstehen und Begreifen der Kunst und Kultur des Mittelalters zu öffnen.

10. Literaturverzeichnis

Primärliteratur

Ludwig ETTMÜLLER (Hg.): Heinrich von Veldeke: Eneasroman. Mittelhochdeutsch/Neuhoch- deutsch. Stuttgart: Philipp Reclam jun. 2007.

Konrad von WÜRZBURG: Leiche, Lieder und Sprüche. In: Kleinere Dichtungen Konrads von Würzburg. Hg. von Edward Schröder. Bd 3. Berlin 1959, S. 9-68.

Sekundärliteratur

Rüdiger BRANDT: Konrad von Würzburg. Kleinere epische Werke. Berlin: Erich Schmidt Verlag 2000.

Joachim BUMKE: Geschichte der deutschen Literatur im hohen Mittelalter. 4. aktualisierte Aufl. München: dtv 2000.

Thomas CRAMER: Minnesang in der Stadt. Überlegungen zu Lyrik Konrads von Würzburg. In: Literatur – Publikum – Historischer Kontext. Hrsg. von Gert Kaiser. Bern, Frankfurt, Las Vegas 1977.

Helmut DE BOOR: Die deutsche Literatur im späten Mittelalter. Dritter Band/Erster Teil. 5. Aufl. München: C. H. Beck´sche Verlagsbuchhandlung 1997.

Winfried FREY: Einführung in die deutsche Literatur des 12.-16. Jahrhunderts. Opladen: Westdeutscher Verlag 1982.

Ingeborg GLIER: Der Minneleich im späten 13. Jahrhundert. In: Werk – Typ – Situation. Studien zu poetologischen Bedingungen in der älteren deutschen Literatur. Hrsg. von I. Glier u. a. Stuttgart: 1969.

Jutta GOHEEN: Mittelalterliche Liebeslyrik von Neidhart von Reuental bis Oswald von Wolkenstein. Berlin: Erich Schmidt Verlag 1984.

Jacob und Wilhelm GRIMM: Deutsches Wörterbuch. Bd. 12. München: dtv 1999.

Hartmut KOKOTT: Konrad von Würzburg. Ein Autor zwischen Auftrag und Autonomie. Stuttgart: S. Hirzel 1989.

Christina KREIBICH: Der mittelhochdeutsche Minneleich. Ein Beitrag zu seiner Analyse. Würzburg: Königshausen & Neumann 2000.

Hilkert WEDDIGE: Einführung in die germanistische Mediävistik. 4. Aufl. München: C. H. Beck 2001.

Max WEHRLI: Geschichte der deutschen Literatur im Mittelalter. 3. Aufl. Stuttgart: Philipp Reclam jun. 1997.